LAS SELVAS TROPICALES

Alexis Roumanis

SPANISH & ENGLISH eBOOKS

AV2 BY WEIGL™

ADDED VALUE • AUDIO VISUAL

www.av2books.com

El enriquecido libro electrónico AV² te ofrece una experiencia bilingüe completa entre el inglés y el español para aprender el vocabulario de los dos idiomas.

This AV² media enhanced book gives you a fully bilingual experience between English and Spanish to learn the vocabulary of both languages.

Spanish   **English**

Navegación bilingüe AV²
AV² Bilingual Navigation

CHANGE LANGUAGE
ENGLISH SPANISH
OPCIÓN DE IDIOMA
LANGUAGE TOGGLE

CAMBIAR LA PÁGINA
PAGE TURNING

CERRAR
CLOSE

INICIO
HOME

VISTA PRELIMINAR
PAGE PREVIEW

2

LAS SELVAS TROPICALES

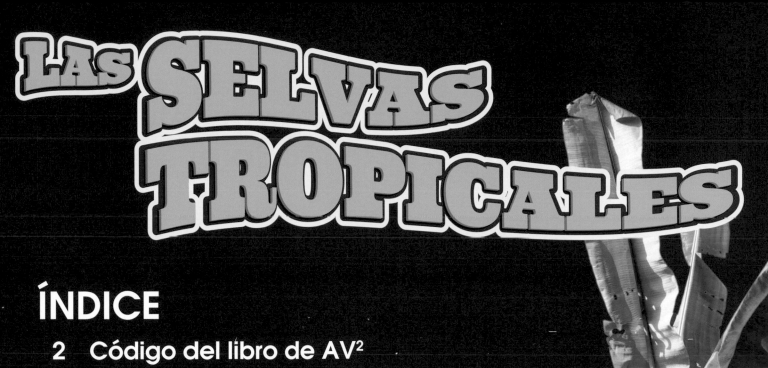

ÍNDICE

Esta es una selva tropical.
Una selva tropical es una gran selva
cálida donde llueve casi todo el tiempo.

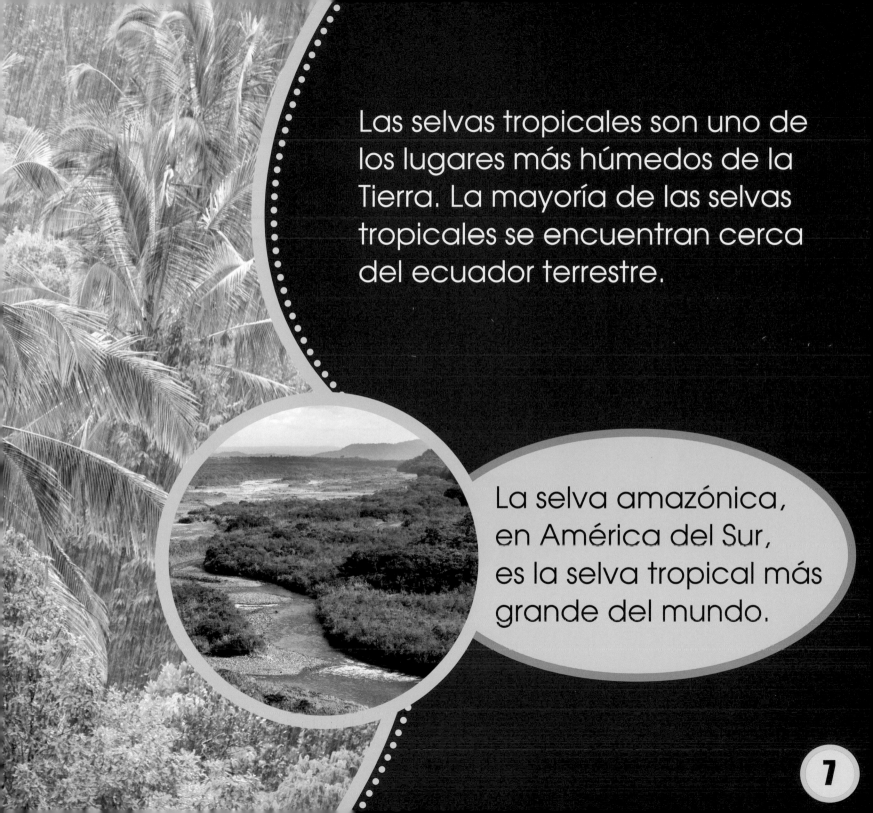

Las selvas tropicales son uno de los lugares más húmedos de la Tierra. La mayoría de las selvas tropicales se encuentran cerca del ecuador terrestre.

La selva amazónica, en América del Sur, es la selva tropical más grande del mundo.

La mayoría de las selvas tropicales reciben más de 70 pulgadas (178 centímetros) de agua de lluvia por año.

La rafflesia es la flor más grande del mundo. Crece en las selvas tropicales del sudeste asiático.

Las mariposas morfo se alimentan de los frutos caídos en el suelo de la selva.

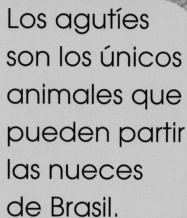

Los aguties son los únicos animales que pueden partir las nueces de Brasil.

Los monos capuchinos llevan el polen de un árbol a otro.

Los tucanes anidan en agujeros que encuentran en lo alto de los árboles.

El ecosistema de la selva tropical es un lugar formado por animales y plantas que se necesitan mutuamente para vivir.

Las orquídeas crecen al costado de los árboles para estar más cerca de la luz del sol.

Las plantas son muy importantes en el ecosistema de la selva tropical. Sirven de alimento y refugio para los animales que viven allí.

La poinsetia, o flor de pascua, suele florecer en diciembre.

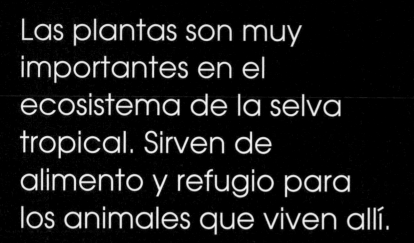

El fruto de la nuez de Brasil es tan grande como una pelota de béisbol.

La savia del árbol de caucho se utiliza para hacer neumáticos de automóvil.

El chocolate se hace con los granos del árbol de cacao.

Un banano puede dar hasta 150 bananas.

En las selvas tropicales viven muchos tipos de animales diferentes.

Los murciélagos vampiros beben la sangre de otros animales.

Las anacondas son las serpientes más grandes de la Tierra.

La piel de la rana punta de flecha la ayuda a mantenerse a salvo de los depredadores.

A las selvas tropicales se las suele llamar los pulmones del planeta. Sus árboles fabrican gran parte del aire que necesitan las personas y los animales para respirar.

En la selva amazónica viven cerca de 400 mil millones de árboles.

Las selvas tropicales del mundo son cada vez más pequeñas. La gente tala los árboles para venderlos.

Se talan unos 2.000 árboles por minuto en las selvas tropicales del mundo.

La gente quema los árboles de la selva para usar la tierra para cultivo. Muchas veces, estos incendios queman más árboles que los previstos.

Se puede ayudar a salvar las selvas tropicales plantando árboles.

Cuestionario sobre las selvas tropicales

Descubre qué has aprendido sobre los ecosistemas de las selvas tropicales.

Encuentra estos animales y plantas de la selva tropical en el libro. ¿Cómo se llaman?

¡Visita www.av2books.com para disfrutar de tu libro interactivo de inglés y español!

Check out www.av2books.com for your interactive English and Spanish ebook!

1 **Entra en www.av2books.com**
Go to www.av2books.com

2 **Ingresa tu código**
Enter book code

T 2 8 2 3 2 7

3 **¡Alimenta tu imaginación en línea!**
Fuel your imagination online!

www.av2books.com

Published by AV² by Weigl
350 5ᵗʰ Avenue, 59ᵗʰ Floor New York, NY 10118
Website: www.av2books.com

Library of Congress Control Number: 2015954303

ISBN 978-1-4896-4320-9 (hardcover)
ISBN 978-1-4896-4321-6 (single-user eBook)
ISBN 978-1-4896-4322-3 (multi-user eBook)

Printed in the United States of America in Brainerd, Minnesota
1 2 3 4 5 6 7 8 9 0 19 18 17 16 15

112015
101515

Project Coordinator: Jared Siemens
Spanish Editor: Translation Cloud LLC
Designer: Mandy Christiansen